Peter van Straaten is sinds zijn zeventigste verjaardag actiever dan ooit. Hij vierde triomfen met *Lust*, waarin zijn recente erotische tekeningen zijn gebundeld. De gelijknamige tentoonstelling was tot januari 2007 te zien in De Kunsthal te Rotterdam en daarna in het Musée de l'érotisme in Parijs. Eerder verschenen in Rainbow Pocket bundels van zijn tekeningen waaronder *Is er iets?*, *Waarom ligt mijn boek niet naast de kassa?*, *Slippertjes* en *Zijn we er al?*. *Hoezo oud?* is een uitgebreide selectie tekeningen waarin Peter van Straaten op zijn bekende wijze de beslommeringen van een ouder wordende generatie neerzet. In 2006 werd Van Straaten onderscheiden met de Gouden Ganzenveer.

Peter van Straaten

Hoezo oud?

Rainbow Pockets

Rainbow Pockets® worden uitgegeven door Muntinga Pockets, onderdeel van Uitgeverij Maarten Muntinga bv, Amsterdam

www.rainbow.nl

Uitgave in samenwerking met Uitgeverij De Harmonie, Amsterdam

www.deharmonie.nl

Omslagontwerp: Studio Bunder
Illustraties omslag: Peter van Straaten
Opmaak: Stand By, Nieuwegein
Druk: Bercker, Kevelaer
Uitgave in Rainbow Pockets februari 2008
Negende druk maart 2009

NUR 360
ISBN 978 90 417 0720 8

" NEE, MAAR!. DÁT IS LANG GELEDEN."

" ZULLEN WE DAN MAAR WEER OVER VROEGER PRATEN ? "

"ZO... SLOME DUIKELAAR... MOET JE
GEEN KATTENKWAAD UITHALEN?"

"WAT GRAPPIG. IN MIJN HERINNERING
WAS-IE VEEL GROTER"

"JIJ BENT HELEMAAL NIET OUD, JIJ!"

"VOLGENS MIJ HEB JIJ EEN VRIENDIN, TEGENWOORDIG"

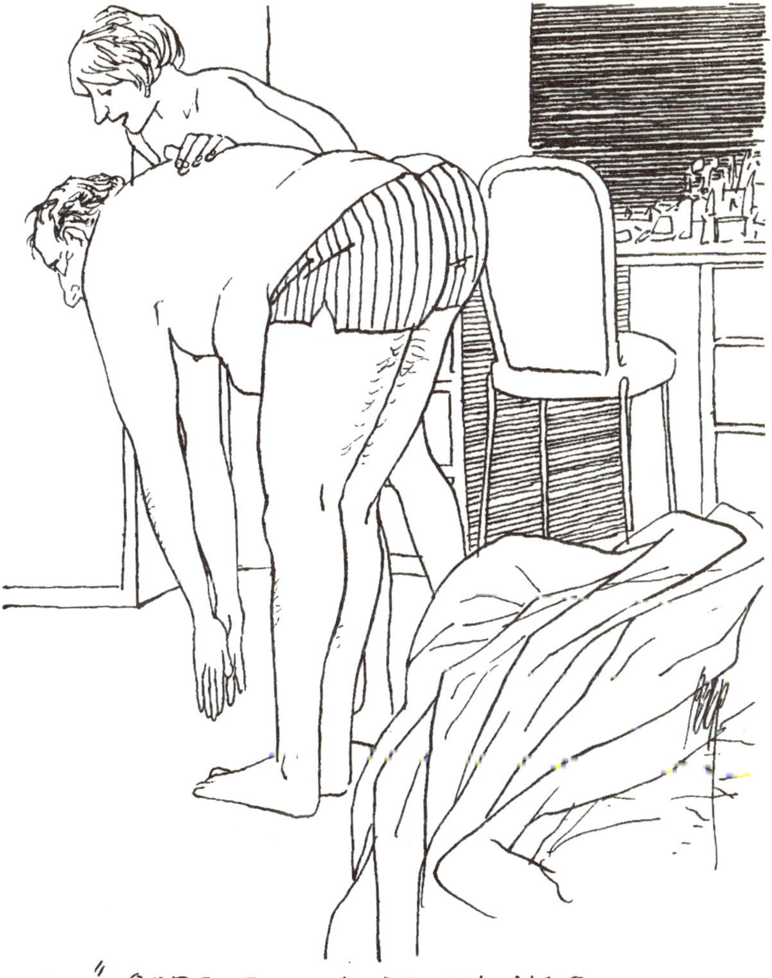

"GOED ZO, SCHAT. NU NOG
EEN KEER ZONDER GEKREUN."

"ER ZIJN HIER WEL ÈRG VEEL BEJAARDEN."

"NOU JA, IK MOET NIET ZEUREN.
JIJ HEBT HET OOK NIET MAKKELIJK."

"DEZE SCHAT HEEFT MIJ EINDELIJK GELEERD WAT LIEFDE IS!"

"WACHT DEZE KEER MET DIE ERECTIEPIL INNEMEN TOT IK HELEMAAL BOVEN BEN!"

"SCHEIDEN? IK KIJK WEL LINK UIT!"

"ZEG, VOEL JIJ JE WEL HELEMAAL LEKKER?!"

" GERDA! IK BEN THUIS! "

"DOE JE DIT BIJ AL JE TANTES ?"

"HET IS WEL EENS LASTIG MET NEUKEN
MAAR ACH...WANNEER NEUK IK NOU HELEMAAL NOG?"

"DAAR GAAN WE WEER.
ALS JE ER EENS EEN KNOOP IN LEGDE."

"WORDT HET NOU NIET EENS TIJD DAT JE HET HUIS UIT GAAT, JONGEN?"

"WAT EEN GEZELLIGE BEGRAAFPLAATS, LEO!
HIER ZOU IK OOK WEL WILLEN LIGGEN"

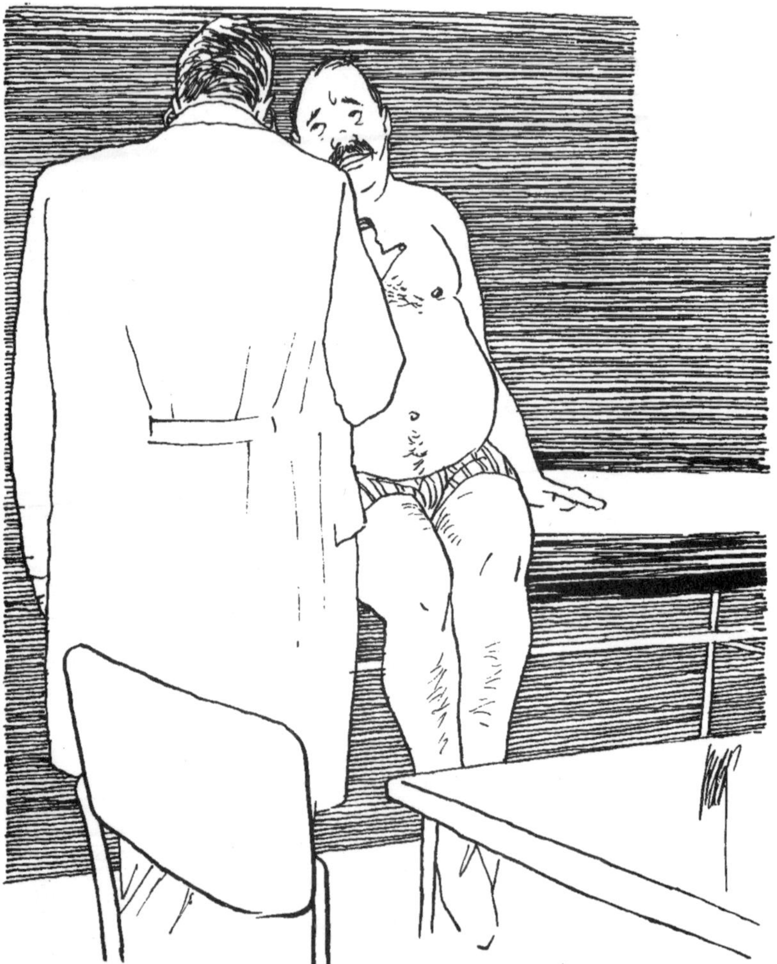

"HET ZIT ZEKER TUSSEN MIJN OREN?"

"HOE WAS JE ONTLASTING, VANMORGEN?"

"IK DENK NIET DAT ZE DAAR VAN GEDIEND IS, THEO".

"WAT ZOUDEN WE HIERVAN GENOTEN HEBBEN TOEN WE NOG ARM WAREN."

"ALS IK EEN FACELIFT NEEM HEB IK U WAARSCHIJNLIJK HELEMAAL NIET MEER NODIG"

"EN JE JONGSTE?
HOE OUD IS DIE NOU?"

"BEN IK NOG STEEDS TE JONG VOOR JE?"

"WEET JE NOG, DIE KEER
DAT IK JE BETRAPTE MET DE BUURMAN?"

"GOEIE GENADE! JE BENT NOG NET ZO SLOOM ALS VROEGER"

" DAT MOESTEN WIJ VROEGER EENS PROBEREN "

"ACH, ACH, ACH... OUD WORDEN IS NIET LEUK, MAAR
ALS IK JOU ZO HOOR IS JONG ZIJN NOG VEEL ERGER."

"EN WOUTER? ZIE JE DIE NOG WEL EENS?
OOK NIET VEEL MEER VAN OVER, HÈ?"

"JE MOEDER ALTIJD MET HAAR TRADITIES!"

"DAT SLAPPE BROERTJE VAN JE KAN ONS WEER NIET BIJBENEN."

"STOPPEN MET ROKEN?
IK BEGIN NET, NA ZESTIG JAAR!"

"JA, JÚLLIE! TOEN WAREN WIJ LEKKER AL LANG BEVRIJD."

"GA JIJ EIGENLIJK NOG STEEDS ZO VEEL VREEMD?"

"MIJN VROUW BEGRIJPT ME NIET."

"NEUK JE NOU AL EEN BEETJE?"

"MAARTEN! DAT IS LANG GELEDEN, ZEG!
JA, NU MOET JE ME NIET MEER."

"TOCH WAS-IE VROEGER WÁT LEUK, DIE MAN VAN JOU"

"GA JE NOU ALWÉÉR ZWEMMEN?"

'WAT STAAN JULLIE DAAR NOU ALLEMAAL TE KIJKEN? VERGETEN JULLIE NOOIT JE HUISSLEUTELS?'

"BEN JE NOU AL WÉÉR ZWANGER?
WAT MOET JE TOCH MET AL DIE KINDEREN?"

"OOK AL WEER DOOD."

"UITSLOVER!"

'WAAR BLEEF JE NOU?"

"LAAT JE TOCH NIKS WIJS MAKEN DOOR DIE SCHOONDOCHTER VAN JE! JIJ DEMENT? DAN WAS JE OP DE LAGERE SCHOOL AL DEMENT"

"BEN JE ER NOU AL MEE NAAR EEN DOKTER GEWEEST? NEE, ZEKER."

"NAAR BED? GOED. ALS JIJ ME OVEREIND HELPT. GEEF IK JE EEN ZETJE DE TRAP OP".

"JE BENT NOG STEEDS EEN MOOIE VROUW...
ALLE MANNEN KIJKEN NAAR JE."

"JE ZOU ZOLANGZAMERHAND EEN BEETJE OP ME UITGEKEKEN MOETEN ZIJN, SCHAT"

" DIE MENSEN DOEN AL DAGEN NIKS "

"ALSOF JIJ ZO GOED WAS IN DE OORLOG!"

"KIJK! JE HEBT SJANS, MEID."

"HET IS NU ZEKER TE LAAT OM NOG VERLIEFD OP JE TE WORDEN?"

"TJEE, WAT EEN OUDERWETSE BEJAARDEN!"

"JA, EN NIKS GEEN **HOUT**, HOOR...
ONVERSLYTBARE **KUNSTSTOF**, MENEERTJE!"

"..EN WE WANDELEN VEEL, NATUURLIJK"..

"GA DAN KLEIEN OF ZO IETS !"

"DOE NIET ZO MAL, GERDA,
JE BENT NOG STEEDS EEN LEKKERE MEID."

"DAT IS ROOSJE... DAAR HEB IK HET VROEGER NOG EENS MEE GEDÁÁN.."

"IK VOEL ME ZO NÁÁR, MAM."

"MOET JIJ NIET WERKEN?"

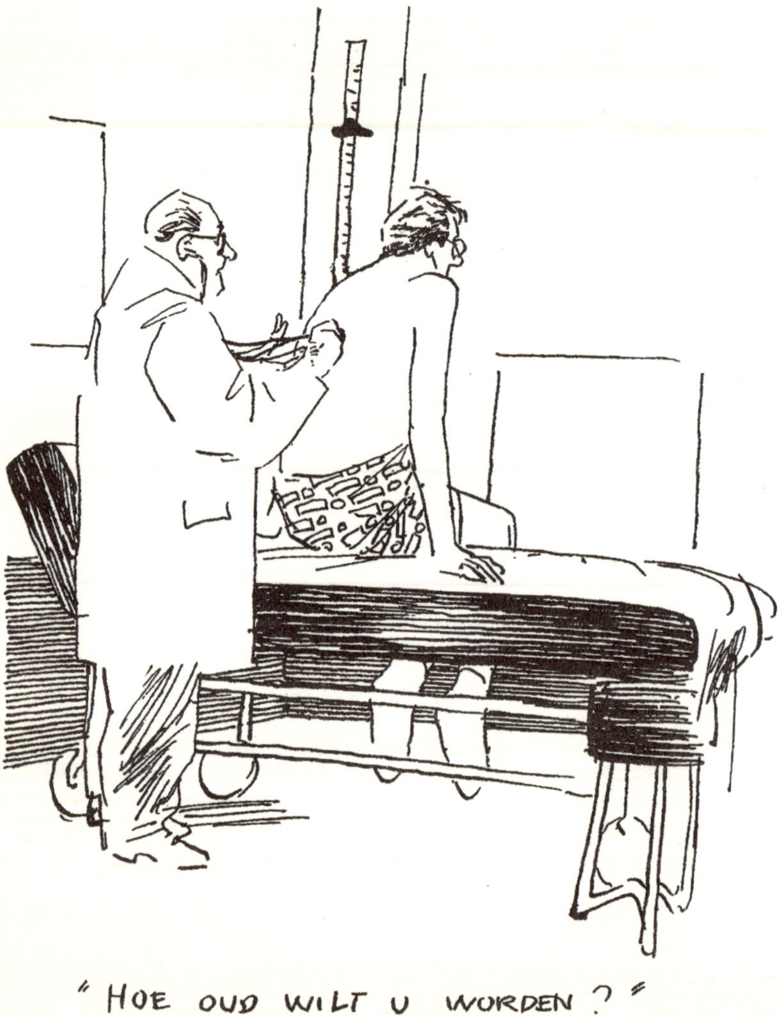

"HOE OUD WILT U WORDEN?"

"HEB JE GEMERKT DAT WE VEEL MEER LACHEN
SINDS ER VOOR ONS NIKS MEER TE LACHEN VALT?"

"MIS JÌJ JE MAN NOU ZO ERG?"

"JE ZEGT ZO HELEMAAL NIKS, PA.....
JE GENIET TOCH WEL?"

"KOFFIE? BEN JIJ GEK!
GEEF MAAR EEN NEUT."

"GA'S OPZIJ, OUWE LUL!"

"MIJN VADER HAD EEN VEEL MOOIERE AUTO DAN JOUW VADER"

"NEE, MAAR HENRI! LEEF JIJ NOG?"

"MEID, WAAROM GA JE NIET WEG BIJ DIE SCHOFT?"

"GOD, WAT HEB IK JE GEHAAT, INDERTIJD."

"HIV? ACH JONGEN, DAAR IS VAN ALLES AAN TE DOEN. ZE ZIJN ZO KNAP TEGENWOORDIG"

"JIJ BENT GEEN OUWE ZAK.
JE ZOON, DAT IS EEN OUWE ZAK."

"DAT WAS' VROEGER ALLEMAAL VAN ONS."

"ZIE JE DAT HOTEL DAAR? DAAR HEB IK TOCH EEN KEER WEL ZO HÉÉRLIJK — GESLAPEN!"

"KLETS TOCH NIET. ALS IK INDERTIJD JA TEGEN JE HAD GEZEGD WAREN WE NU AL VEERTIG JAAR GESCHEIDEN"

"JE WAS VROEGER ZO'N LÚL, HERMAN."

"GEEN IDEE · JE VADER BEGON"

"WAT HADDEN JOUW OUDERS' EIGENLIJK TÉGEN ME?"

"OVER TIEN JAAR GA IK WEER ROKEN,
ALS JE DAT MAAR WEET!

"KIND, HET LIJKT ME ÉNIG, MAAR
WAAR LAAT IK **HEM** DAN AL DIE TIJD?"

"LAAT DIE MAN TOCH MET RUST!"

'WIL JE JE SINAASAPPEL NU OF STRAKS?'

"ACH LIEVE KIND... WAT MOET IK NOU NOG MET EEN MAN?"

"ACH GUS, DIE OUWE CASANOVA DENKT DAT-IE NOG MEETELT."

"HÉÉ OPA ... HEB JE EEN VUURTJE VOOR ME?"

"VOLGENS MIJN DOCHTER HEB JIJ EEN SLECHTE INVLOED OP ME"

"DIE MENEER IS KEES, MOEDER, DAAR
BEN IK INDERTIJD MEE GETROUWD, WEET JE NOG?"

"IEDEREEN STERFT MAAR, TEGENWOORDIG"

"EN IS DIE VRIEND VAN JE ÓÓK HOMOSEXUEEL?"

"WEET JE DAT JIJ VROEGER NOG
BIJ ME OP SCHOOT HEBT GEZETEN?"

'ANS IS NIKS VERANDERD, MAAR WIM VOND IK OUD GEWORDEN."

"OKÉ OMA, HIER NEMEN WE HET VAN JE OVER"

"HIJ? DEMENT? ACH, WELNEE...
GEWOON ONVOLWASSEN."

" GOED EVERT, DAN HÈB JE JE AL DIE TIJD. VERGIST
JE WAS ANDERS MAAR WÀT GELUKKIG "

"..EN JIJ? DENK JIJ NOG WEL
EENS AAN DIE TIJD, GREET?"

"EDUARD! ACH, ARME JONGEN! WAT BEN JIJ LELIJK GEWORDEN."

"EN JE ZOON ... HEEFT DIE NOU EINDELIJK ZIJN RIJBEWIJS?"

" O KIJK, LOUISE... PRECIES MAARTEN MAAR DAN IN HET JONG "

NOU PA, JIJ BOFT TOCH MAAR MET
AL DIE LEUKE VERPLEEGSTERS OM JE HEEN.

"ZO, OUWE BOK, STA JE WEER OP DE UITKIJK?"

"O, DAT IS NOG NIKS...
HAD JE ME VORIG JAAR MOETEN ZIEN"

"KALM AAN. KIJK MAAR HOE VER U KOMT."

"HET WAS TOCH EEN KLEINE MOEITE GEWEEST ALS ZE DIT BANKJE ANDERSOM HADDEN NEERGEZET."

"WAS ER TOEN AL POPMUZIEK, OPA?"

"LIEVE DEUGD, IS HET NOU AL WÉÉR ZONDAG?"

"NEE MOEDER, IK BEN PIETER
THOMAS WAS HIER VORIGE WEEK"

„NATÚÚRLIJK WILDE IK MET JE NAAR BED.
IEDEREÉN WILDE MET JE NAAR BED, ZESTIG JAAR GELEDEN."

"IK VIND JE ECHT HEEL AARDIG, ERIC,
MAAR LIEVE DEUGD... JE BENT NOG ZO'N KIND!

"TOEN WIJ JONG WAREN HAD JE TEN MINSTE NOG EEN BEETJE FATSOENLIJKE CRIMINELEN."

"BEN JIJ NIET EEN BEETJE TE
OUD VOOR DE ZWEMBADPAS?"

"HOE KOMEN JULLIE ER BY? IK GA HELEMAAL NIET HARD ACHTERUIT."

"IK MIS MIJN MOEDER NOG IEDERE DAG"

"IK BEGRIJP HET NIET....
MOETEN AL DIE MENSEN NIET WERKEN?"

'WAAROM LAAT JE NIET ALLES LEKKER BETEGELEN?'

"NEE, KINDEREN HEBBEN WE NIET.
MIJN VROUW HAD ALTIJD HOOFDPIJN."

"ALS IK NIET ZO'N OUWE LUL WAS
ZOU IK JE EEN ONEERBAAR VOORSTEL DOEN"

"WAT EEN ZEGEN DAT WE
NIET JONG MEER ZIJN"

" O,O,O,... WAT HEBBEN WE WEER EEN HAAST! "

"HOE LANG IS PAPPA NOU DOOD?"

"IK ZIE 'T AAN 'M ... WIM HIER IS
DE LAATSTE TIJD OOK ZO AAN HET SUKKELEN."

"ZO ...... OUWE RUKKER."

"ZEI JE WAT OF PRAAT JE IN JEZELF?"

" WEETJE WAT WEL PRETTIG IS VAN MIJN LEEFTIJD?
IK HOEF NOOIT MEER OP ZONDAG NAAR OPA EN OMA."

" KIJK AAN .... JONG GELUK "

"ZULLEN WE DAN MAAR WEER OPNIEUW GAAN TROUWEN?"

"EN JIJ? ZIE JIJ JOÚW KINDEREN NOG WEL EENS?"

"NEE, NEE... DIT IS GERARDJE, ONZE JONGSTE."

"WAT MOET JE, SNOTNEUS?"

"ZOU HET OOIT NOG GOED KOMEN TUSSEN ONS ?"

"EN VERGEET NIET: WIJ VREEËN VROEGER LOUTER VOOR ONS PLEIZIER!"

"PAS OP.. DIE OUWE VAN HIERBOVEN HEEFT EEN OOGJE OP JE."

"VROEGER GAF JE ME NOG WEL EENS EEN ARM."

"ACH, LIEVERDS! WAT MOET IK
NOU IN EEN BEJAARDENTEHUIS?!"

"IS DAT BLONDE ETTERTJE VAN JOU?"

" NU GA JE TE VER, ANTON."

"WANNEER HEB JIJ NOU VOOR HET LAATST ÈCHT GELACHEN?"

"...DIE VICTOR! ALLE MEISJES UIT MIJN KLAS
WAREN VERLIEFD OP JE, BEHALVE IK!"

"EN DAAR IS ONZE BENJAMIN!"

„ OUD WORDEN IS VRESELIJK!"

"O JA, LOPEN GAAT NOG WEL, ALLEEN....
IK BEN NOOIT ZO DOL OP LOPEN GEWEEST."

"IK WORD OUD, TINE."

"HOE HEETTE DIE CANADEES DIE JIJ HAD OOK MAAR WEER?"

"MIJN JONGSTE DOCHTER DENKT, GELOOF IK, DAT IK AL DOOD BEN."

'OUWE ZAK!'

"DAT MET JOKE WAS IN DE OORLOG,
DUS DAT TELT NIET."

"HOOR EENS, CHIEL... IK BEN JE MOEDER NIET."

'JE KUNT BETER EEN ROLLATOR NEMEN.'

" DAT DIE MEID ZICH NIET DOODSCHAAMT
OM ER ZO BIJ TE LOPEN ! "

"JA, IK OOK! IK HEB OOK EEN VRESELYK MAKKELYK LEVEN GEHAD."

"MIJN AANBOD VAN VEERTIG JAAR GELEDEN GELDT NOG STEEDS, ELLEN...."

" HOE IS HET NOU MET'M ? "

"WAT VOOR SOORT LEVEN HAD JE DÁN WILLEN HEBBEN?"

"WEET JE NOG?..... "